AF312480

Niel, Curé d'Argœuil.

Table des Catalogues contenus dans
Ce volume.

1. Catalogue de Tableaux, Desseins et Estampes
des maîtres anciens et modernes des trois
Ecoles par pierre péroneau, page 1 & suiv:

2. Catalogue des tableaux et autres Curiosités
du Cabinet du marquis de Villette pères.

3. Catalogue idem de M. Aveid peintre
du Roi.

4. Catalogue raisonné des tableaux, Estampes,
Coquilles et autres Curiosités du Cabinet
De M. Dezalier d'argenville.

5. Catalogue des Curiosités du Cabinet de
Made du bois Jourdain — 1766. Y.

6. Catalogue de la Collection d'estampes
de M. Sir-Jacob. — 1764. —

CATALOGUE

DE

TABLEAUX.

CATALOGUE

DE TABLEAUX,

DESSEINS & ESTAMPES

DES

MAITRES ANCIENS ET MODERNES,

DES TROIS ECOLES.

Dont la Vente se fera le Vendredi 20 Fév. 1767, à trois heures de relevée, & jours suivants, à l'Hôtel d'Aligre, rue Saint-Honoré.

PAR PIERRE PERONET.

A PARIS,

Chez J. B. G. MUSIER fils, Libraire, Quai des Augustins.

M. DCC. LXVII.

CATALOGUE

DE TABLEAUX,
DESSEINS & ESTAMPES

DES

FLAMANDE ET HOLLANDOISE,

FRANÇOISE ÉCOLES.

Dont la Vente se fera le Vendredi 20 [...] 1767, à trois heures de relevée, [...] rue [...] Honoré.

Par Pierre REMY.

A PARIS,

Chez G. [...] Libraire,

Quai des Augustins.

MDCCLXVII.

CATALOGUE

DE TABLEAUX,

Desseins & Estampes de differens Maîtres anciens & modernes.

ECOLE D'ITALIE.

Titiano Vecelli.

1. Un Tableau paysage, représentant des Baigneuses, de 4 pieds 2 pouces, sur 3 pieds 1 pouce de haut. *.

* La mesure de ces Tableaux n'est détaillée qu'à l'égard des plus grands ; & la plupart ont leur bordure : elle n'est point comprise dans la mesure.

2 Portrait d'homme : 3 pieds de haut, fur 2 pieds 7 pouces.

3 Une Sainte Famille fous verre & bordure, *du Barroche.*

4 Le Chrift fur le linceul , 7 pieds, fur 3 pieds 9 pouces de haut, *d'Auguftin Carrache.*

5 Une Sainte Famille, *du Guide.*

6 La Peinture affoupie : de 4 pieds 7 pouces, fur 3 pieds 4 pouces de haut, *du Guerchin.*

Salvator Rofe.

7 Un petit Tableau repréfentant une bataille.

8 Un autre, une Marine.

9 Un Tableau de fruits d'Italie.

10 Deux pendans qui font des payfages.

11 Deux Tableaux repréfentans, l'un, un Sujet bachique, l'autre une marche d'animaux, *de Benette Caftiglione.*

12 Venus fur les eaux, avec fa bordure, *de Carle Maratte.*

13 Deux Tableaux avec leur bordure en travers, repréſentans des animaux aquatiques.

14 Deux pendans, repréſentans deux payſages *de Lucatelli.*

Le Chevalier Liberi.

15 Quatre ſujets allégoriques, dont le premier repréſente l'Héroïſme préférant la gloire à la fortune.

Le ſecond, la Gloire outragée par la Jalouſie.

16 Le troiſieme, l'Eſclave de la Fortune aveuglé par l'Amour.

Le quatrieme, la Beauté conduite à la Fortune par l'Héroïſme ; chacun d'environ 4 pieds, ſur 3 pouces de haut.

Bibiani.

17 Un Tableau repréſentant une vue du Campo Vaccino.

18 Deux autres pendans, qui ſont des vues d'architecture, dont

les figures sont de Ciroferi, éleve de Pietre de Cortone.

19 Un Port de mer *de Gisolphi.*

20 Le Portrait du Trévisan, par lui-même.

21 Deux Tableaux pendans, representans des paysages , *de Frederic Zuccaro.*

22 Une Charité Romaine , de 2 pieds 3 pouces, sur 3 pieds 3 pouces de haut , d'après *le Titien.*

23 Plusieurs autres Tableaux de différenetes grandeurs, originaux & copies de cette Ecole.

ECOLE DES PAYS-BAS.

Reimbrandt.

24 Un Tableau en hauteur, de 4 pieds 6 pouces de haut, sur 3 pieds 9 pouces , représentant S. Paul en méditation.

25 Deux Paysages fur bois octo-
gone , *de Bartholomé Brëen-
berg.*

26 Une Marine fur bois, de 3
pieds, fur 2 pieds de haut , *de
Adam Elfeimer.*

27 Deux Sujets Militaires , fur
bois avec leurs bordures , *de
Vanblome.*

David Teniers.

28 Un Tableau repréfentant une
opération de Chirurgie, avec fa
bordure.

29 Deux autres petits pendans ,
fur cuivre avec leurs bordures ,
repréfentans deux têtes de Fla-
mands en regards , homme &
femme.

30 Deux Tableaux repréfentans
des payfages, *de Herman d'I-
talie.*

31 Un Tableau avec fa bordure,
repréfentant S. Pierre déliuré
de la prifon, *de Jean Miel.*

3 2 Deux autres du même.

33 Un Tableau, forme ronde avec fa bordure, repréfentant une marche d'animaux, *de Vanderkable.*

34 Un Portrait d'homme, avec fa bordure, *de Holben.*

35 Un Tableau de 3 pieds 2 pouces, fur 2 pieds 8 pouces de haut, repréfentant un payfage Flamand, *de Foucquier.*

36 Deux petits Tableaux pendans avec leurs bordures, repréfentans deux vues d'Eglifes d'Anvers, *de Peterneff.*

37 Plufieurs petits Tableaux avec leurs bordures, *de M. Louterbourg.*

38 Un Tableau avec fa bordure, repréfentant une querelle de Joueurs & batterie à coups de couteaux, *de Van Oftade.*

39 Deux petits pendans, fur bois avec leurs bordures, repréfentans l'hiver & des Patineurs

fur la glace , *de Nieulan.*

40 Deux Tableaux pendans , fur bois, repréfentans deux vues de Hollande avec leurs bordures, *de Grevinbroeck.*

41 Un Tableau fur cuivre avec fa bordure en hauteur , repréfentant le Parnaffe.

42 Un Tableau repréfentant un Payfage avec fa bordure, *de Francifque Milé.*

43 Deux pendans , fur bois , repréfentans des Marines , *de Ludolf Bakuifen.*

44 Plufieurs Tableaux, originaux & copies de cette Ecole.

ECOLE FRANÇOISE.

Nicolas Pouffin.

45 UN grand Tableau en travers , repréfentant le Tems qui conduit la Vérité, de 5 pieds

3 pouces , fur 3 pieds 9 pouces.

46 Un Tableau en hauteur avec
fa bordure , repréfentant un
Payfage & des Soldats , *de
Claude Gelée*, dit *le Lorrain.*

Jacques Courtois , dit *le Bour-
guignon.*

47 Un Tableau repréfentant une
action de nuit.

48 Deux pendans qui repréfen-
tent des batailles.

49 Deux autres , *idem.*

50 Un Tableau fur cuivre avec
fa bordure , repréfentant Eole
qui déchaîne les vents à la prie-
re de Junon , pour faire périr
Enée , par *Bon Boulongne.*

Sebaftien Bourdon.

51 Un Tableau repréfentant une
dépouille d'Officiers.

52 Deux pendans , qui font des
batailles.

53 Deux petits Tableaux pendans, repréfentans des fleurs,
par *Bapret*.

54 Un grand Tableau de 7 pieds,
fur 5 pieds de haut , repréfentant un Retour de chaffe , par
Defportes.

55 Un petit Tableau , repréfentant deux perdrix, *figné* F. Y.
T. avec fa bordure.

56 Une Efquiffe en hauteur, de
la Préfentation de Notre Sei-
gneur au Temple , qui eft celle
du grand Tableau de l'Eglife
de S. Louis à Verfailles , *de
Colin de Vermont.*

57 Un Tableau en travers, toile
de quatre francs , repréfentant
un Repos de chaffe , par *Jac-
ques-Charles Oudry.*

58 Le Portrait de Marguerite ,
fille de Robert le Grand , Duc
de Bourgogne , & femme de
Louis Hutin , Roi de France
dans le quatorzieme fiecle ,

peint ſur bois & avec ſa bordure.

59 Deux Tableanx pendans ,
repréſentans des Payſages ,
d'environ 3 pieds, ſur 2 pieds
5 pouces de haut , *de Patel.*

60 Un Tableau repréſentant une
Marine , de 4 pieds 6 pouces ,
ſur 1 pied 6 pouces de haut.

61 Une Marine ſur bois avec ſa
bordure.

D'aprés J. B. Oudry.

62 Trois Tableaux de 5 pieds ,
ſur 4 pieds , repréſentans des
Chaſſes, une de loup, l'autre
du Sanglier , & un chien en
arrèt ſur un Faiſand.

63 Deux deſſus de Tabatiere
peints en émail, repréſentans,
l'un un chien en arrèt ſur un
Faiſand, l'autre un barbet qui
court ſur des Canards.

Gabriel de Saint Aubin.

64 Un Tableau fur bois avec fa bordure, repréſentant ſix jeunes Etudians occupés à deſſiner d'après la Renommée de Coizevox, exécutée en marbre aux Tuilleries.

65 Un autre fur toile, auſſi avec fa bordure, repréſente le Château d'eau de la Ville, & une partie des Boulevards, & beaucoup de figures.

66 Pluſieurs Tableaux originaux & copies ſous le même numero.

67 Deux Etudes, l'une eſt des raiſins, & l'autre eſt une perdrix.

DESSEINS.

Van Oftade, S. Quentin & autres.

68 DEUX Deſſeins repréſentans, l'un la Lecture, l'autre
le Repas Flamand, à la plume
& lavé au biſtre.

69 Une Crêche dans le goût de
M. *Boucher*, à la plume & lavé au biſtre.

70 Un autre Deſſein, ſous verre
& bordure de boir noirci, dans
le goût de *Teniers*, à la plume
& lavé.

71 Pluſieurs Deſſeins coloriés,
Marines, Payſages & autres
genres, à la plume & lavés de
pluſieurs manieres.

J. B. Oudry.

72 Etude d'une plante deſſinée

aux crayons noir & blanc, fur
papier bleu.

73 Un Deſſein à la ſanguine ſur
papier blanc, repréſentant un
combat de Singes.

74 Deux autres *idem*, repréſentant des combat d'animaux à
plumes.

75 Un Deſſein ſur papier bleu,
à la plume, lavé & rehauſſé de
blanc, repréſentant un combat de Tigres avec des Croco-
diles.

Edme Bouchardon, &
défunt Challe.

76 Vingt-ſix Eſquiſſes à la ſanguine, ſur papier blanc, qui
feront diviſés.

77 Quinze contre - épreuves de
Deſſeins, copiés ſur les Tableaux & Bas-reliefs de Ro-
me.

58 Un Deſſein colorié, ſous verre & bordure, repréſentant

des Ruines avec des figures, de *M. Machy*.

79 Trois Deſſeins, dont deux ſous verre & bordure.

Gabriel de Saint Aubin.

80 Un Deſſein colorié, repré-ſentant la généroſité de Ma-tathias.

81 Deux autres, l'un Renaud dans la forêt enchantée, & l'autre une Fête au Dieu des Jardins.

82 Autre compoſition ſur les triomphes de l'Amour.

83 Pluſieurs autres Deſſeins ſous le même numero.

ESTAMPES.

Raphael Sanzio.

84 LE Jugement de Paris, gra-vé par *Marc Antoine*, bonne épreuve.

85 Dix pieces détachées, d'après *Pietre de Cortonne.*

Pierre Paul Rubens, & Jacques Jordaens.

86 Six Eſtampes, le Martyre de Saint André, la Vierge & l'Enfant Jeſus, une Sainte Famille, Saint Juſti, la Mort de Seneque & la Bergere dédaigneuſe.

Paul Bril, Herman & Both.

87 Seize Payſages qui ſeront diviſés.

88 Les douze mois de l'année, gravés par Sadler, d'après *Stephani.*

89 Vingt-quatre Eſtampes, qui ſeront diviſées.

90 Cent cinquante autres, qui ſeront auſſi diviſées par lots, lors de la vente.

91 Sept pieces détachées, d'après *le Brun.*

92 Douze pieces, dont le Pla-
fond du Val-de-Grace, d'après
Mignard.

93 Une Bataille, sous verre &
bordure de bois noirci, d'après
Parocel.

94 La Chapelle des Enfans
Trouvés en quinze planches,
bonnes épreuves, sous verres
& bordures dorées, d'après
M. Natoire.

95 Six Estampes, Marines &
Paysages, d'après *M. Vernet*.

Gabriel de Saint Aubin.

96 Six Estampes eau forte, dont
Laban cherchant ses Dieux;
la Réconciliation de David &
d'Absalon; l'Allégorie des six
cens Mariages à l'occasion de
la Naissance de Monseigneur
le Duc de Bourgogne; deux
Sujets de Tancrède, compo-
sition de *Fontaine*, exécutée

en bronze chez M. de Jul-
lienne.

97 Cinquante Portraits d'après
différens Maîtres, qui feront
divifés.

98 Un Clavecin à ravallement
& table de Flandre.

F I N.

---

*Lû & approuvé , ce 18 Jan-
vier 1767.*

C O C H I N.

Vû l'Approbation , permis
d'imprimer , ce 5 Février 1767.
D E S A R T I N E.

... M. de Ju-

... tanie, l'oraie d'après
... eurs et Maîtres, qui feront
divisé ...
98 Un Olivecin à ravaligement
... cube de la ...

FIN.

Été approuvé, ce 18 Jan-
vier 1767.
COCHIN.

Vu l'Approbation, permis
d'imprimer, ce 9 Février 1767.
DE SARTINE.